ドリル 伝記 低学年

もくじ

1 ヘレン・ケラー① くらやみのせかい

ヘレン・ケラーは今《いま》から一三〇年《ねん》あまり前《まえ》、アメリカで生《う》まれました。明《あか》るく、元気《げんき》いっぱいにそだっていたヘレンにたいへんなことがおこったのは、一《いっ》さい七《なな》か月《げつ》のときです。

「たいへん。ヘレンがすごいねつだわ。」

すぐにおいしゃさんをよびました。お母《かあ》さんは、夜《よる》もあまりねむらず、かんびょうしました。

二週間《にしゅうかん》くらいたって、ヘレンのねつはやっと下《さ》がりました。

でも、なんだかようすがへんなのです。そばにいるお母《かあ》さんのほうを見《み》ようともしません。「ヘレ

❶ ヘレンが生《う》まれたのは、どこの国《くに》ですか。

（　　　　）

❷ ヘレンのねつが下《さ》がったのは、ヘレンがすごいねつを出《だ》してどれくらいたってからですか。

（　　　　）くらい。

❸ ねつが下《さ》がったヘレンは、どんなようすでしたか。（　）に合《あ》う言葉《ことば》を書《か》きましょう。

読《よ》んだ日《ひ》　月《がつ》　日《にち》

ン」と名前《なまえ》をよんでも、へんじをしないのです。

「お気《き》のどくですが、高《たか》いねつがつづいたために、目《め》が見《み》えなくなっています。それに、耳《みみ》も聞《き》こえなくなってしまったようです。」

おいしゃさんが言《い》いました。

こうしてくらやみのせかいでくらすことになったヘレンは、わがままほうだいにそだっていきました。食事《しょくじ》は手《て》づかみで食《た》べ、自分《じぶん》の思《おも》いどおりにならないと、ものをなげたりもしました。

（ヘレンはふつうの子《こ》とはちがうのだから、しかたがない。）

と、あきらめていた両親《りょうしん》でしたが、やがて
（あまやかしてばかりいては、ヘレンのためにならない。ヘレンにも教育《きょういく》がひつようだ。）

と思《おも》うようになりました。

・そばにいるお母《かあ》さんのほうを（　　）ともしない。
・「ヘレン」とよんでも、（　　）をしない。

❹ わがままほうだいにそだったヘレンに、両親《りょうしん》がひつようだと思《おも》ったものはなんですか。
（　　）

2

ヘレン・ケラー②

サリバン先生《せんせい》とともに

病気《びょうき》のため、目《め》が見《み》えず、耳《みみ》が聞《き》こえず、話《はな》すこともできない「三重苦《さんじゅうく》」をかかえてしまったヘレンに、よい先生《せんせい》が見《み》つかりました。わかい女《おんな》の先生《せんせい》で、アン・サリバンという名前《なまえ》でした。

くらやみのせかいに生《い》きていたヘレンは、ものには名前《なまえ》があるということがわかっていませんでした。その日《ひ》も、「コップ」と、その中《なか》に入《はい》っている「水《みず》」とのちがいがどうしてもわからずに、ないてあばれていました。

「ヘレン、ちょっと外《そと》に出《で》ましょう。」

サリバン先生《せんせい》とヘレンは、にわに出《で》ました。すると、水《みず》くみのポンプがサリバン先生《せんせい》の目《め》にとまりました。サリバン先生《せんせい》は、さいしょにヘレンの

読《よ》んだ日《ひ》　月《がつ》　日《にち》

❶ ヘレンの先生《せんせい》になった人《ひと》の名前《なまえ》は、なんですか。

（　　　　　）

❷ ヘレンがないてあばれていたのは、なぜですか。（　）に合《あ》う言葉《ことば》を書《か》きましょう。

・（　　　　　）と、その中《なか》に入《はい》っている（　　　　　）とのちがいが、どうしてもわからなかったから。

手《て》にコップをわたして「コップ」、つぎにポンプからヘレンの手《て》に水《みず》をかけて、「ウォーター（水《みず》）」とつづりました。

（わかった。わかったわ！）

手《て》の上《うえ》をつめたい水《みず》がながれるのをかんじながら、ヘレンはあまりのかんどうに、しばらくその場《ば》からうごけませんでした。

「ものにはすべて名前《なまえ》がある」ということが、ヘレンにはっきりわかったしゅんかんでした。

それからもサリバン先生《せんせい》とともに、自分《じぶん》のせかいを広《ひろ》げていくことができたヘレンは、体《からだ》のふじゆうな人《ひと》がくらしやすいよの中《なか》になるような活動《かつどう》をつづけ、「きせきの人《ひと》」とよばれました。

❸ サリバン先生《せんせい》が、ヘレンに教《おし》えようとしたことはなんですか。一《ひと》つに○をつけましょう。
ア 水《みず》がつめたいということ。
イ ものには名前《なまえ》があるということ。
ウ コップと水《みず》にはなんのかんけいもないということ。

❹ 体《からだ》のふじゆうな人《ひと》がくらしやすいよの中《なか》になるような活動《かつどう》をつづけたヘレンは、なんとよばれましたか。

（　　　　　）

3

モーツァルト①

やんちゃな天才《てんさい》少年《しょうねん》

今《いま》から二五〇年《ねん》あまり前《まえ》の、音楽《おんがく》の都《みやこ》ウィーンでの話《はなし》です。

「今日《きょう》は、おしろによばれているよ。女王《じょおう》さまの前《まえ》で*クラヴィーアのえんそうをするんだ。」

きんちょうしたお父《とう》さんが、言《い》いました。

「だいじょうぶ。きっとうまくひけるよ。」

六《ろく》さいのモーツァルトは、じしんたっぷりです。四《よん》さい年上《としうえ》のお姉《ねえ》さんもいっしょに、おしろへむかいました。

おしろにつくと、モーツァルトは大《おお》はしゃぎ。走《はし》り回《まわ》って、女王《じょおう》さまの前《まえ》でころんでしまいました。お父《とう》さんは、はらはらしながら見《み》まもっています。

読《よ》んだ日《ひ》　月《がつ》　日《にち》

❶ おしろへえんそうに行《い》く前《まえ》、お父《とう》さんとモーツァルトは、どんなようすでしたか。（　）に合《あ》う言葉《ことば》を書《か》きましょう。

・お父《とう》さんは（　　　　）していたが、モーツァルトは（　　　　）なようす。

しかし、えんそうをはじめると、とても子《こ》どもとは思《おも》えないうで前《まえ》です。女王《じょおう》さまも、うっとりと聞《き》き入《い》っています。モーツァルトは、むずかしい曲《きょく》を一《いっ》本《ぽん》のゆびだけでひくということも、かんたんにやってみせました。えんそうは、大《だい》せいこうにおわりました。

「こんなにすばらしい音楽《おんがく》を聞《き》いたのは、はじめてです。さすが、天才《てんさい》といわれる少年《しょうねん》ですね。」

女王《じょおう》さまにほめられたモーツァルトは、うれしさのあまり女王《じょおう》さまのひざにとびのって、またお父《とう》さんをはらはらさせました。

＊クラヴィーア…ピアノのもとになったがっきの一《ひと》つ。

❷ モーツァルトがいっしょにおしろへむかったのは、だれとだれですか。二《ふた》つに○をつけましょう。

ア お父《とう》さん　イ お母《かあ》さん

ウ お兄《にい》さん　エ お姉《ねえ》さん

❸ お父《とう》さんがおしろではらはらしたのは、どんなときですか。二《ふた》つに○をつけましょう。

ア モーツァルトが走《はし》り回《まわ》ってころんだとき。

イ モーツァルトのえんそうが、大《だい》せいこうだったとき。

ウ モーツァルトが、女王《じょおう》さまのひざにとびのったとき。

4

モーツァルト②　生《い》きつづける名曲《めいきょく》

「本当《ほんとう》に、この子《こ》が作曲《さっきょく》したのか？」

モーツァルトは、たった七《なな》さいのときに、もう自分《じぶん》で作《つく》った曲《きょく》をみんなの前《まえ》でえんそうして、おどろかれていました。

やがて、＊オペラの作曲《さっきょく》もするようになったモーツァルトは、十四《じゅうよん》さいのときには、そのオーケストラのしきまでやりました。

「すばらしいオペラだ！」

おきゃくさんから大《おお》きなはく手《しゅ》をあびることが、モーツァルトのしあわせでした。

モーツァルトは、二十二《にじゅうに》さい

読《よ》んだ日《ひ》　　月《がつ》　　日《にち》

❶ モーツァルトがつぎの年《ねん》れいのとき、どんなことがありましたか。それぞれあとからえらんで記号《きごう》で答《こた》えましょう。

・七《なな》さい（　　）

・十四《じゅうよん》さい（　　）

・二十二《にじゅうに》さい（　　）

・二十六《にじゅうろく》さい（　　）

ア　コンスタンツェとけっこんして、つぎつぎに名曲《めいきょく》を作《つく》った。

のとき、アロイジアという女《おんな》の人《ひと》をすきになり、アロイジアのために、数《かぞ》えきれないくらいたくさんの曲《きょく》を作《つく》りました。その後《ご》アロイジアはべつの男《おとこ》の人《ひと》とけっこんしてしまいますが、モーツァルトは歌《うた》うことで、そのかなしみをのりこえました。

その後《ご》、アロイジアの妹《いもうと》のコンスタンツェと親《した》しくなったモーツァルトは、主人公《しゅじんこう》をコンスタンツェと名《な》づけたオペラを作《つく》りました。そのオペラは、多《おお》くの人《ひと》にかんどうをあたえました。

二十六《にじゅうろく》さいのとき、コンスタンツェとけっこんしたモーツァルトは、つぎつぎに名曲《めいきょく》を作《つく》りました。

モーツァルトは、三十五《さんじゅうご》さいのわかさで病気《びょうき》でなくなりました。しかし、モーツァルトの名曲《めいきょく》は、今《いま》でもせかい中《じゅう》の人《ひと》をかんどうさせています。

＊オペラ……オーケストラと歌《うた》が一《ひと》つになって、物語《ものがたり》をくり広《ひろ》げるもの。

イ 自分《じぶん》で作《つく》った曲《きょく》をみんなの前《まえ》でえんそうした。

ウ 自分《じぶん》で作《つく》ったオペラのオーケストラのしきをした。

エ アロイジアのためにたくさんの曲《きょく》を作《つく》った。

❷ モーツァルトは、なんさいでなくなりましたか。

（　　　）

❸ モーツァルトがのこした曲《きょく》はどうなりましたか。（　）に合《あ》う言葉《ことば》を書《か》きましょう。

・今《いま》でもせかい中《じゅう》の人《ひと》を（　　　）させている。

5 ライト兄弟《きょうだい》① 空《そら》をとびたい！

「とんだ、とんだ！」

「おもしろいなあ。」

今《いま》から一四〇年《ねん》ほど前《まえ》のアメリカ。お父《とう》さんからのおみやげの、空《そら》をとぶおもちゃで、楽《たの》しそうにあそんでいる兄弟《きょうだい》がいました。お兄《にい》さんはウィルバー、弟《おとうと》はオービルという名前《なまえ》です。

「どうして空《そら》をとぶのかな。」

「わかった！　まいたゴムが元《もと》にもどる力《ちから》で、プロペラが回《まわ》るから、空《そら》をとべるんだよ。」

二人《ふたり》で毎日《まいにち》のようにあそんでいたので、このおもちゃはやがてこわれてしまいました。

「よし、今度《こんど》は自分《じぶん》たちで作《つく》ってみようよ。」

「うん、図面《ずめん》をかこう。」

読《よ》んだ日《ひ》　月《がつ》　日《にち》

❶ 空《そら》とぶおもちゃは、だれからのおみやげでしたか。

（　　　　）

❷ 兄弟《きょうだい》が自分《じぶん》たちで作《つく》った空《そら》とぶおもちゃのざいりょうを、じゅんに三《みっ》つ書《か》きましょう。

・（　　　　）
・（　　　　）
・（　　　　）

お母《かあ》さんが、図面《ずめん》のかき方《かた》を教《おし》えてくれました。ざいりょうの竹《たけ》ひごやゴム、うすい紙《かみ》は、二人《ふたり》のおこづかいを出《だ》し合《あ》って買《か》いました。兄弟《きょうだい》でちえを出《だ》し合《あ》って作《つく》った空《そら》とぶおもちゃは、こうもり号《ごう》と名《な》づけられました。

こうもり二号《にごう》、三号《さんごう》……と、兄弟《きょうだい》は何回《なんかい》も作《つく》り直《なお》し、そのたびに、もっと高《たか》く、もっと遠《とお》くまでとぶようになりました。

「ライト兄弟《きょうだい》は、すごいな。」

二人《ふたり》は、町《まち》で有名《ゆうめい》になりました。

「いつか、ぼくたちもあの空《そら》をとびたいね。」

「二人《ふたり》で力《ちから》を合《あ》わせれば、なんでもできるさ。」

兄弟《きょうだい》のひとみは、かがやいていました。

❸ 兄弟《きょうだい》がはじめて作《つく》った空《そら》とぶおもちゃは、なんという名《な》前《まえ》でしたか。

（　　　　　）

❹ 兄弟《きょうだい》のしょうらいのゆめは、どんなことでしたか。一《ひと》つに○をつけましょう。

ア もっとよくとぶ、空《そら》とぶおもちゃを作《つく》ること。

イ いつか自分《じぶん》たちも、空《そら》をとぶこと。

ウ 町《まち》で有名《ゆうめい》になること。

6

ライト兄弟《きょうだい》②

ゆめがかなった日《ひ》

いつか空《そら》をとびたいというゆめをもちながら、ライト兄弟《きょうだい》は自転車屋《じてんしゃや》さんのしごとをしていました。兄弟《きょうだい》の作《つく》る自転車《じてんしゃ》は、のりやすく、ねだんもやすかったので、たくさんのおきゃくさんが来《き》ました。

自転車屋《じてんしゃや》さんでもうかったお金《かね》を、兄弟《きょうだい》は空《そら》をとぶためのけんきゅうにつかいました。

（鳥《とり》のように、空《そら》をとべたら……。）

そう考《かんが》えたのは、けっしてライト兄弟《きょうだい》だけではありません。むかしから、空《そら》をとぶことをゆめ見《み》て、多《おお》くの人《ひと》がけんきゅうをかさねてきました。

兄弟《きょうだい》はまず、それらの人《ひと》たちが書《か》いた本《ほん》を買《か》いあつめて、勉強《べんきょう》しました。つぎに、

「行《い》きたい方向《ほうこう》にすすむには……。」

読《よ》んだ日《ひ》　月《がつ》　日《にち》

❶ ライト兄弟《きょうだい》は空《そら》をとびたいというゆめをもちながら、どんなしごとをしていましたか。

（　　　　）

❷ ライト兄弟《きょうだい》がとり組《く》んだ、空《そら》をとぶためのけんきゅうのじゅんになるように、（　）に番号《ばんごう》を書《か》きましょう。

ア（　）かんせいするまで何回《なんかい》も作《つく》った。

イ（　）本《ほん》を買《か》いあつめて勉強《べんきょう》した。

ウ（　）ちえを出《だ》し合《あ》って図面《ずめん》をかいた。

「強風《きょうふう》でバランスをくずさないためには……。」

など、二人《ふたり》でちえを出《だ》し合《あ》い図面《ずめん》をかきました。

それから、かんせいするまで何回《なんかい》も作《つく》りました。

そしてついに、エンジンをのせたひこうき「ライトフライヤー一号《いちごう》」がかんせいしたのです。そのはつひこうの日《ひ》、見物人《けんぶつにん》はたったの五人《ごにん》でした。同《おな》じころ、ラングレーという有名《ゆうめい》なはかせが作《つく》ったひこうきがとばずにおちてしまったので、ライト兄弟《きょうだい》のひこうきも同《おな》じだろうと思《おも》われたのです。

しかし、「ライトフライヤー一号《いちごう》」は、みごとに空《そら》をとびました。空《そら》をとぶという長年《ながねん》のゆめは、ついにかなったのでした。

❸ ライト兄弟《きょうだい》のはつひこうの日《ひ》、見物人《けんぶつにん》がたったの五人《ごにん》しかいなかったのは、なぜですか。一《ひと》つに○をつけましょう。

ア ひこうきがはじめて空《そら》をとぶことにきょうみをもつ人《ひと》は、そんなにたくさんいなかったから。

イ 有名《ゆうめい》なはかせのひこうきがとばなかったので、ライト兄弟《きょうだい》のひこうきもとばないだろうと思《おも》われたから。

ウ ライト兄弟《きょうだい》のはつひこうは、テレビで見《み》ることができたから。

7

ナイチンゲール①

さいしょのかんじゃさん

ある日《ひ》のことです。＊フローレンスがお姉《ねえ》さんとにわであそんでいると、いつもは元気《げんき》な犬《いぬ》のキャップが、よろよろと帰《かえ》ってきました。

「まあ、たいへん。あしからち・が出《で》ているわ。」

お姉《ねえ》さんが言《い》いました。

「ほねがおれているのかもしれない……。」

フローレンスはそう言《い》うと、家《いえ》からぬれたタオルとぬの、ほうたいとくすり、それからいた切《き》れをもってきました。

フローレンスはまず、ぬれたタオルで、キャップのあしのきず口《ぐち》をきれいにふきました。それから、くすりをぬったぬのをあしにまき、その上《うえ》からいた切《き》れを当《あ》てて、ほうたいをまきました。

❶ 犬《いぬ》のキャップがけがをしたのは、体《からだ》のどこですか。

（　　　）

❷ フローレンスがした、キャップのけがの手当《てあ》てのしかたのじゅんになるように、（　）に番号《ばんごう》を書《か》きましょう。

ア（　）くすりをぬったぬのをあしにまいた。

イ（　）ぬれたタオルできず口《ぐち》をきれいにふいた。

読《よ》んだ日《ひ》　　月《がつ》　　日《にち》

キャップは、いたがってキャンキャン鳴《な》いていましたが、手《て》当《あ》てがおわると、おとなしくなりました。

「フローレンスは、教《おそ》わったわけでもないのに、どうしてほねがおれたときの手当《てあ》てのしかたがわかったのかしら。」

お姉《ねえ》さんから話《はなし》を聞《き》いたお父《とう》さんとお母《かあ》さんは、びっくりしました。

キャップのあしは、まもなくよくなりました。

「キャップ、さんぽに行《い》こう。」

フローレンスがさそうと、キャップはうれしそうにしっぽをパタパタふりました。

＊フローレンス…ナイチンゲールの名前《なまえ》。

ウ　（　　　）いた切《き》れを当《あ》てて、ほうたいをまいた。

❸ お父《とう》さんとお母《かあ》さんが「びっくり」したのは、なぜですか。一《ひと》つに○をつけましょう。

ア　キャップが、ひどいけがをして帰《かえ》ってきたから。

イ　フローレンスが、だれにも教《おそ》わっていないのに、ほねがおれたときの手当《てあ》てのしかたを知《し》っていたから。

ウ　キャップのけがはひどかったのに、すぐによくなったから。

8

ナイチンゲール② クリミアの天使《てんし》

大《おお》きくなったナイチンゲールは、たいへんなしごとだからというお母《かあ》さんやお姉《ねえ》さんの強《つよ》いはんたいをおし切《き》って、かんごしになりました。

そのころ、ナイチンゲールのすむイギリスとロシアの間《あいだ》で、クリミアせんそうがおこりました。

「けがをしてくるしんでいるへいしが、たくさんいるらしい。」

「わるい病気《びょうき》も、はやっているそうだ。」

そんなうわさを聞《き》いたナイチンゲールは、すぐになかまのかんごしをあつめて、せんそうをしている場所《ばしょ》のびょういんへとむかいました。

そこは、ひどいようすでした。たてものはぼろぼろで、けが人《にん》や病人《びょうにん》の多《おお》くは、ベッドではなく

読《よ》んだ日《ひ》　月《がつ》　日《にち》

❶ 大《おお》きくなったナイチンゲールがなろうとしたのは、なんですか。

（　　　　）

❷ お母《かあ》さんとお姉《ねえ》さんが、ナイチンゲールがなろうとしているのにはんたいしたのは、なぜですか。

・たいへんな（　　　　）だから。

❸ ナイチンゲールたちが、せんそうをしている場所《ばしょ》のびょ

ゆかにねかされていました。食事《しょくじ》を作《つく》る場所《ばしょ》もきたなくて、ねずみが走《はし》り回《まわ》っていました。

「何《なに》もかも、きちんとしなくては。」

ナイチンゲールは、道具《どうぐ》をそろえて、びょういんをきれいにそうじしました。へいしのねどこをととのえ、とくべつにえいようのあるスープを作《つく》ってくばりました。

「生《い》きかえったここちがする。ありがとう。」

へいしたちはなみだをながしながら、ナイチンゲールにおれいを言《い》いました。

ナイチンゲールは、みかたもてきもかんけいなく、多《おお》くのへいしのいのちをたすけ、「クリミアの天使《てんし》」とよばれました。

ういんへとむかったのは、なぜですか。一《ひと》つに○をつけましょう。

ア　多《おお》くの人《ひと》に食事《しょくじ》をくばるため。

イ　けがなどで、くるしんでいるへいしをたすけるため。

ウ　わるい病気《びょうき》をしらべるため。

4　みかたもてきもかんけいなく、多《おお》くのへいしたちのいちをたすけたナイチンゲールは、なんとよばれましたか。

（　　　　）

9

エジソン①　知《し》りたがりやの男《おとこ》の子《こ》

「どうして、鳥《とり》は空《そら》をとべるの？」

「風《かぜ》はどこからふいてくるの？」

　今《いま》から一七〇年《ねん》ほど前《まえ》のアメリカ。お父《とう》さんにもお母《かあ》さんにもとなり近所《きんじょ》の人《ひと》にも、つぎつぎとしつもんをする男《おとこ》の子《こ》がいました。この知《し》りたがりやの男《おとこ》の子《こ》の名前《なまえ》は、トーマス・アルバ・エジソン。みんなから「アル」とよばれていました。

「どうして赤《あか》いりんごと青《あお》いりんごがあるの？」

「一＋一は、本当《ほんとう》に２なの？」

　学校《がっこう》に入《はい》っても、アルは先生《せんせい》にしつもんばかりしていました。うまく答《こた》えられない先生《せんせい》は、

「アルは学校《がっこう》でいちばんできのわるいせいとだ。」

と、みんなの前《まえ》で言《い》いました。

読《よ》んだ日《ひ》　月《がつ》　日《にち》

❶ アルがわずか三《さん》か月《げつ》で学校《がっこう》をやめてしまったのは、なぜですか。一《ひと》つに〇をつけましょう。

ア　頭《あたま》のいいアルには、学校《がっこう》の勉強《べんきょう》があまりにもかんたんすぎて、たいくつだったから。

イ　先生《せんせい》から、学校《がっこう》でいちばんできのわるいせいとだと言《い》われて、かなしくなったから。

ウ　友《とも》だちになってくれる人《ひと》が一人《ひとり》もいなくて、さびしかったから。

「もう、学校《がっこう》には行《い》きたくないよ。」

アルはかなしくなりました。そして通《かよ》いはじめてわずか三《さん》か月《げつ》で、学校《がっこう》をやめてしまったのです。

でも、お母《かあ》さんは、アルのみかたでした。

「これからは、家《いえ》でお母《かあ》さんといっしょに勉強《べんきょう》すればいいわ。アルがかしこい子《こ》だということは、よくわかっているもの。」

アルは、むずかしい本《ほん》もどんどん読《よ》みすすめました。その中《なか》でいちばんおもしろいと思《おも》ったのは、科学《かがく》の本《ほん》でした。

家《いえ》の地下《ちか》にじっけん室《しつ》を作《つく》ってもらったアルは、知《し》りたいことをなんでも自分《じぶん》でたしかめられるようになったのでした。

❷ 家《いえ》でお母《かあ》さんといっしょに勉強《べんきょう》をはじめたアルが、いちばんおもしろいと思《おも》ったのは、なんですか。一《ひと》つに○をつけましょう。

ア 文学《ぶんがく》の本《ほん》。
イ れきしの本《ほん》。
ウ 科学《かがく》の本《ほん》。

❸ アルが、知《し》りたいことを自《じ》分《ぶん》でたしかめられるようになったのは、なぜですか。（　）に合《あ》う言葉《ことば》を書《か》きましょう。

・家《いえ》の地下《ちか》に（　　　）を作《つく》ってもらったから。

10 エジソン② 夜《よる》も明《あか》るく

「生活《せいかつ》にべんりなものを、たくさん発明《はつめい》するぞ。」

三十《さんじっ》さいのときに「*ちくおんき」を発明《はつめい》してから、エジソンはすっかり有名《ゆうめい》になりました。

（そうだ！　夜《よる》になっても、家《いえ》の中《なか》を明《あか》るくてらすことができたら、どんなにべんりだろう。）

そのころは、今《いま》のようなべんりな明《あ》かりは、まだありませんでした。エジソンは「電球《でんきゅう》」の発明《はつめい》にむけて、さっそくうごき出《だ》しました。

ガラスのたまの中《なか》で、細《ほそ》い線《せん》に電気《でんき》を通《とお》すと、光《ひか》ります。でも、その細《ほそ》い線《せん》を何《なに》で作《つく》るかが、むずかしいもんだいでした。白金《はっきん》で作《つく》った細《ほそ》い線《せん》は十分《じっぷん》でもえつき、明《あ》かりはきえてしまいました。

（もっとよいざいりょうが、見《み》つかるはずだ。）

❶ エジソンが有名《ゆうめい》になった、三十《さんじっ》さいのときの発明《はつめい》は、なんですか。

（　　　　）

❷ エジソンが「電球《でんきゅう》」を発明《はつめい》しようと思《おも》ったのは、なぜですか。一《ひと》つに○をつけましょう。

ア　もっと有名《ゆうめい》になって、みとめられたかったから。

イ　夜《よる》になっても、家《いえ》の中《なか》を明《あか》るくてらすことができたら、べんりだと思《おも》ったから。

読《よ》んだ日《ひ》　月《がつ》　日《にち》

エジソンは、六千《ろくせん》しゅるいものしょくぶつを、細《ほそ》い線《せん》のざいりょうとしてつかえるかどうか、たしかめてみました。日本《にほん》の竹《たけ》も、じっけんにつかわれました。けっかは、千二百時《せんにひゃくじ》間《かん》も明《あ》かりがともり、大《だい》せいこうでした。

（スイッチ一《ひと》つで明《あ》かりがついたら、もっとべんりだろうな。）

エジソンは、それからもじっけんをかさねました。そして、けんきゅうをはじめて五年目《ごねんめ》、ようやく「電球《でんきゅう》」をかんせいさせたのでした。

今《いま》、わたしたちが夜《よる》も明《あか》るく生活《せいかつ》することができるのは、このエジソンの発明《はつめい》のおかげなのです。

＊ちくおんき…音声《おんせい》をふきこんだレコードを回《まわ》して、さいせいできるきかい。

ウ　お金《かね》もちになって親《おや》こうこうしたかったから。

❸ 「電球《でんきゅう》」のじっけんが大《だい》せいこうだったのは、ガラスのたまの中《なか》の「細《ほそ》い線《せん》」に、何《なに》をつかったときでしたか。（　）に合《あ》う言葉《ことば》を書《か》きましょう。

・日本《にほん》の（　　　）。

❹ 「電球《でんきゅう》」がかんせいしたのは、エジソンがけんきゅうをはじめて何年目《なんねんめ》でしたか。

（　　　）

11 マリー・キュリー① 本《ほん》がすきな女《おんな》の子《こ》

「*マーニャ、今日《きょう》はいいお天気《てんき》だから、外《そと》にあそびに行《い》きましょう。」

お母《かあ》さんが、マーニャに声《こえ》をかけました。

「家《いえ》で、本《ほん》を読《よ》んでいるほうがいいわ。」

マーニャは、いやいやと首《くび》をふって言《い》いました。

本《ほん》を読《よ》むのが大《だい》すきなマーニャは、たった四《よん》さいで文字《もじ》をおぼえてしまいました。あるとき、三《さん》さい年上《としうえ》のお姉《ねえ》さんのブローニャが、学校《がっこう》のしゅくだいの音読《おんどく》をつっかえながらしていました。すると、となりにいたマーニャが、すらすらと読《よ》みはじめたので、家《か》

❶ マーニャは、どんな女《おんな》の子《こ》でしたか。（　）に合《あ》う言葉《ことば》を、それぞれ漢字《かんじ》一字《いちじ》で書《か》きましょう。

・（　）であそぶより、家《いえ》で（　）を読《よ》むのがすきな女《おんな》の子《こ》。

❷ あるとき、マーニャに家族《かぞく》みんながびっくりしたのは、なぜですか。（　）に合《あ》う言葉《ことば》を書《か》きましょう。

読《よ》んだ日《ひ》　月《がつ》　日《にち》

族《ぞく》みんながびっくりしたこともありました。

小学校《しょうがっこう》に入学《にゅうがく》したマーニャが、学校《がっこう》の中《なか》でいちばんすきな場所《ばしょ》は、図書室《としょしつ》でした。

「本《ほん》がいっぱいあるわ。どれもおもしろそう。」

マーニャは図書室《としょしつ》の本《ほん》を、どんどん読《よ》みすすめていきました。あまりにもむちゅうになって読《よ》んでいるので、友《とも》だちがおもしろがって、マーニャのまわりにいすを高《たか》くつみ上《あ》げたことがありました。いすは、大《おお》きな音《おと》を立《た》ててくずれましたが、それでもマーニャはちっとも気《き》づかず、本《ほん》から目《め》を上《あ》げませんでした。その後《ご》、マーニャは学校《がっこう》を一番《いちばん》のせいせきでそつぎょうしました。

「もっと本《ほん》を読《よ》んで、多《おお》くのことを知《し》りたい。」

マーニャのゆめは、科学者《かがくしゃ》になることでした。

＊マーニャ…マリー・キュリーの子《こ》どものころのよび名《な》。

・三《さん》さい年上《としうえ》のお姉《ねえ》さんは、音《おん》読《どく》を（　　　）ながらしていたのに、マーニャは（　　　）と読《よ》みはじめたから。

❸ マーニャが学校《がっこう》の中《なか》でいちばんすきな場所《ばしょ》は、どこでしたか。
（　　　）

❹ マーニャのゆめは、何《なに》になることでしたか。
（　　　）

12

マリー・キュリー②

青白《あおじろ》い光《ひかり》の発見《はっけん》

マリーは生《う》まれそだったポーランドを出《で》て、フランスの大学《だいがく》にすすみました。

二十六《にじゅうろく》さいのとき、マリーはピエール・キュリーと知《し》り合《あ》い、よく年《とし》、けっこんしました。ピエールも、すぐれた科学者《かがくしゃ》でした。マリーはピエールといっしょに、けんきゅうをつづけました。

今《いま》では「ほうしゃ線《せん》」とはどのようなものか、知《し》っている人《ひと》も多《おお》いでしょう。しかし、マリーがけんきゅうをしていた今《いま》から百年《ひゃくねん》いじょう前《まえ》には、まだよくわかっていませんでした。

すでに「ウラン」というつぶが「ほうしゃ線《せん》」を出《だ》すことは、ほかの科学者《かがくしゃ》が発見《はっけん》していました。しかし、マリーとピエールは何百回《なんびゃっかい》、何千回《なんぜんかい》

読《よ》んだ日《ひ》　月《がつ》　日《にち》

❶ マリーは、どこの国《くに》の大学《だいがく》にすすみましたか。

（　　　　）

❷ マリーは、なんさいのときに、ピエールと知《し》り合《あ》いましたか。

（　　　　）

❸ マリーとピエールは、何百《なんびゃっ》回《かい》、何千回《なんぜんかい》というじっけんをかさね、どんなことにせいこうしましたか。（　）に合《あ》う言《こと》葉《ば》を書《か》きましょう。

というじっけんをかさねるうち、ウランの二百万《にひゃくまん》ばいもの「ほうしゃ線《せん》」を出《だ》す「ラジウム」を、ついに発見《はっけん》したのです。ラジウムをガラスのうつわにとり出《だ》すことにせいこうした日《ひ》、マリーとピエールは、その青白《あおじろ》い光《ひかり》をじっとしずかに見《み》つめていました。二人《ふたり》の目《め》には、かんどうのなみだがあふれてくるのでした。

ラジウムは、むずかしい病気《びょうき》のちりょうにやく立《だ》つことがわかりました。

ラジウムの発見《はっけん》で、マリーとピエールは、ノーベルしょうをじゅしょうしました。女《おんな》の人《ひと》でノーベルしょうをじゅしょうしたのは、マリーがせかいではじめてでした。

・（　　）をガラスのうつわにとり出《だ》すこと。

❹ ラジウムは、何《なに》にやく立《だ》つことがわかりましたか。（　）に合《あ》う言葉《ことば》を書《か》きましょう。

・むずかしい病気《びょうき》の（　　）。

❺ ラジウムの発見《はっけん》で、マリーとピエールがじゅしょうしたのは、なんですか。

（　　）

13 雪舟《せっしゅう》① なみだでかいたねずみ

りっぱなおぼうさんになるために、お寺《てら》でしゅぎょうをしているこぞうさんがいました。名前《なまえ》を雪舟《せっしゅう》といいました。雪舟《せっしゅう》は、絵《え》をかくことが大《だい》すきでした。

ある日《ひ》のこと、雪舟《せっしゅう》はお寺《てら》のそうじ中《ちゅう》に、竹《たけ》ぼうきをほうり出《だ》して、絵《え》をかくことにむちゅうになってしまいました。それを見《み》たおしょうさんは、

「また、お寺《てら》のしゅぎょうをなまけておるな。」

とおこり出《だ》しました。そして、雪舟《せっしゅう》をお寺《てら》のはしらにしばりつけてしまいました。

（すきな絵《え》をかく時間《じかん》がもっとほしい。おしょうさんは、どうしてわかってくれないのだろう。）

雪舟《せっしゅう》の目《め》から、なみだがぽたぽたとおちました。

読《よ》んだ日《ひ》　月《がつ》　日《にち》

❶ おしょうさんがおこり出《だ》したのは、なぜですか。（　）に合《あ》う言葉《ことば》を書《か》きましょう。

・雪舟《せっしゅう》が、お寺《てら》のそうじ中《ちゅう》に、（　　　　）をほうり出《だ》して、（　　　　）をかくことにむちゅうになってしまったから。

❷ はしらにしばりつけられた雪舟《せっしゅう》は、どのようにしてねずみをかきましたか。（　）に合《あ》う言葉《ことば》を書《か》きましょう。

夕方《ゆうがた》になって、ようすを見《み》にきたおしょうさんは、びっくりしました。雪舟《せっしゅう》の足《あし》もとに、ねずみがうずくまっているのです。でもふしぎなことに、ねずみはちっともうごきません。じつは、雪舟《せっしゅう》がゆかにおちた自分《じぶん》のなみだを、足《あし》のゆびでのばしてかいたねずみだったのです。

「まいった。そんなに絵《え》をかくのがすきなのか。それにしても、みごとなできばえじゃ。これからは思《おも》うぞんぶん絵《え》をかくといい。」

おしょうさんにみとめられた雪舟《せっしゅう》は、うれしくてたまりません。それからは、いっしょうけんめいお寺《てら》のしゅぎょうをしながら、絵《え》の勉強《べんきょう》にもはげみました。

・ゆかにおちた自分《じぶん》の（　　　）を、（　　　）でのばしてかいた。

❸ おしょうさんが、雪舟《せっしゅう》が絵《え》をかくことをみとめたのは、なぜですか。一《ひと》つに○をつけましょう。

ア 雪舟《せっしゅう》が絵《え》をかくのがすきだということがわかり、また、とても上手《じょうず》だったから。

イ 雪舟《せっしゅう》が絵《え》がかけないことをとてもかなしんだから。

ウ 雪舟《せっしゅう》が言《い》いつけどおりに、ねずみをたいじしたから。

14

雪舟《せっしゅう》②

いちばんの先生《せんせい》は、けしき

絵《え》をかくことがすきな雪舟《せっしゅう》は、めきめきと実力《じつりょく》をつけました。しかし、自分《じぶん》の絵《え》には何《なに》かが足《た》りないとかんじていました。

そんなとき、中国《ちゅうごく》に行《い》って絵《え》の勉強《べんきょう》をすることになりました。今《いま》から五百年《ごひゃくねん》いじょうも前《まえ》のことです。ひこうきはありません。船《ふね》でなんか月《げつ》もかかり、やっとゆめにまで見《み》た中国《ちゅうごく》につきました。

中国《ちゅうごく》にはすぐれた絵《え》かきがたくさんいると、雪舟《せっしゅう》はしんじていました。でも、行《い》ってみると、古《ふる》い絵《え》の中《なか》にはすばらしいものがたくさんあるけれど、新《あたら》しい絵《え》の中《なか》にはすぐれたものがあまりないことがわかりました。雪舟《せっしゅう》は少《すこ》しがっかりしました。けれど、中国《ちゅうごく》のけしきは山《やま》も川《かわ》もみずうみ

読《よ》んだ日《ひ》　月《がつ》　日《にち》

❶ 雪舟《せっしゅう》が、中国《ちゅうごく》に行《い》くためにのったものはなんですか。

（　　　　）

❷ 雪舟《せっしゅう》は、中国《ちゅうごく》の絵《え》についてどんなことがわかりましたか。（　）に合《あ》う言葉《ことば》を書《か》きましょう。

・（　　　　）絵《え》の中《なか》にはすばらしいものが多《おお》いが、（　　　　）絵《え》の中《なか》にはすぐれたものがあまりないということ。

も、どこを見《み》てもすばらしいものでした。中国《ちゅうごく》のけしきを先生《せんせい》にしようと、雪舟《せっしゅう》は心《こころ》にきめました。日本《にほん》に帰《かえ》る前《まえ》、雪舟《せっしゅう》は大《おお》きなお寺《てら》のかべに絵《え》をかいてほしいとたのまれました。雪舟《せっしゅう》は二日《ふつか》ほど考《かんが》えたあと、絵《え》ふでをにぎると、一気《いっき》に冬《ふゆ》のけしきをかき上《あ》げました。

「なんとすばらしい絵《え》だろう。日《に》本《ほん》から来《き》た雪舟《せっしゅう》というおぼうさんは、たいしたものだ。」

中国《ちゅうごく》の人《ひと》びとは口《くち》ぐちに雪舟《せっしゅう》をほめました。

日本《にほん》にもどった雪舟《せっしゅう》は、さらに絵《え》の勉強《べんきょう》をつづけました。そして、日本《にほん》の「*水《すい》ぼく画《が》」をかんせいさせました。

*水《すい》ぼく画《が》…すみ一色《いっしょく》で、けしきなどをひょうげんする絵画《かいが》。

❸ 雪舟《せっしゅう》が、絵《え》の先生《せんせい》にしようとしたのは、中国《ちゅうごく》のなんですか。

（　　　　）

❹ 雪舟《せっしゅう》は大《おお》きなお寺《てら》のかべに、なんの絵《え》をかきましたか。一《ひと》つに○をつけましょう。

ア 春《はる》のけしき。
イ 夏《なつ》のけしき。
ウ 冬《ふゆ》のけしき。

❺ 日本《にほん》にもどった雪舟《せっしゅう》がかんせいさせたのは、なんですか。

・日本《にほん》の（　　　　）。

15

一休《いっきゅう》①

つぼの水《みず》あめ

あるところに、一休《いっきゅう》という名前《なまえ》の、*とんちのうまいこぞうさんがいました。

ある日《ひ》、へやから出《で》てこないおしょうさんを心《しん》配《ぱい》した一休《いっきゅう》は、しょうじのすきまから、そっとへやをのぞいてみました。すると、おしょうさんはつぼをかかえ、中《なか》のものをおはしにつけて、いかにもおいしそうになめているではありませんか。

「こっそり水《みず》あめをなめていらしたのですね。」

一休《いっきゅう》は、つばをごくりとのみこみました。

「これは水《みず》あめではない。大人《おとな》がなめるとくすりになるが、子《こ》どもがなめるとすぐにしんでしまう、どくなのじゃ。」

おしょうさんは、平気《へいき》な顔《かお》で言《い》いました。

読《よ》んだ日《ひ》　月《がつ》　日《にち》

❶「つばをごくりとのみこみました」とありますが、そのとき一休《いっきゅう》はどんな気《き》もちでしたか。一《ひと》つに○をつけましょう。

ア　水《みず》あめなんてなめたくない。

イ　水《みず》あめをなめたい。

❷　さいしょ、おしょうさんは、つぼの中《なか》のものをなんだと言《い》いましたか。（　）に合《あ》う言葉《ことば》を書《か》きましょう。

それから二《に》、三日後《さんにちご》。おしょうさんのるす中《ちゅう》に、なかまのこぞうさんが、おしょうさんの大切《たいせつ》な茶《ちゃ》わんをわってしまいました。

「いいことがある。みんなでこれをなめてしまおう。」

一休《いっきゅう》は、おしょうさんのへやからつぼを出《だ》してきて、あっと言《い》う間《ま》に空《から》っぽにしてしまいました。帰《かえ》ってきたおしょうさんはかんかんです。そのとき、一休《いっきゅう》が言《い》いました。

「大切《たいせつ》な茶《ちゃ》わんをわってしまったので、しんでおわびをしようと、つぼのどくをなめたのです。」

「一休《いっきゅう》のとんちにはかなわん。つぼの中身《なかみ》は、おまえが言《い》ったとおり水《みず》あめだったのじゃ。」

おしょうさんは、わらってゆるしてくれました。

*とんち…その場《ば》ですぐ出《で》る、うまいちえ。

・大人《おとな》がなめると（　　）になるが、子《こ》どもがなめるとすぐにしんでしまう（　　）。

❸ さいごに、おしょうさんが一休《いっきゅう》たちをわらってゆるしてくれたのは、なぜですか。一《ひと》つに○をつけましょう。

ア 一休《いっきゅう》のとんちに感心《かんしん》したから。

イ われた茶《ちゃ》わんが、元《もと》どおりになったから。

ウ つぼの中身《なかみ》の水《みず》あめが、少《すこ》しのこっていたから。

読《よ》んだ日《ひ》　月《がつ》　日《にち》

16 一休《いっきゅう》② 三《みっ》つのたから

しゅぎょうをつづけた一休《いっきゅう》は、えらいおぼうさんになりました。何《なに》かこまったことがあると、みんな、とんちのはたらく一休《いっきゅう》にそうだんしました。

とのさまも、一休《いっきゅう》をたよりにしていました。でも一休《いっきゅう》は、とのさまのぜいたくなくらしぶりが気《き》に入《い》りません。とのさまは、

「これは中国《ちゅうごく》の茶《ちゃ》わん。これはインドの花《か》びん。」

などと、高《たか》いお金《かね》を出《だ》してたからものをあつめては、よろこんでいるのです。

そこで、一休《いっきゅう》は考《かんが》えて、でたらめを言《い》いました。

「わたしも、三《みっ》つのたからをもっています。中国《ちゅうごく》の茶《ちゃ》わん。インドのつえ。むかしの王《おう》さまが花《はな》見《み》でつかったしきものです。」

❶ 一休《いっきゅう》は、三《みっ》つのたからをもっていると言《い》いましたが、とのさまにさし出《だ》したものは、本当《ほんとう》はなんですか。（　）に合《あ》う言葉《ことば》を書《か》きましょう。

・「中国《ちゅうごく》の茶《ちゃ》わん」→（　　）

・「インドのつえ」→かきねから引《ひ》きぬいた（　　）

・「むかしの王《おう》さまが花見《はなみ》でつかったしきもの」→（　　）

すると、とのさまは目《め》をかがやかせて、

「ぜひ、わしにゆずってくれ。」

と言《い》い、一休《いっきゅう》にたくさんのお金《かね》をくれました。

一休《いっきゅう》は、われた茶《ちゃ》わん、かきねから引《ひ》きぬいた竹一本《たけいっぽん》、古《ふる》ぼけたむしろ*を、とのさまにさし出《だ》しました。それらがにせものだとわかったとのさまはおこりましたが、一休《いっきゅう》はおちついたもので、

「よの中《なか》の人《ひと》は今《いま》、お金《かね》がなくてくるしんでいるのに、とのさまは、このようにお金《かね》のむだづかいをしてよいのでしょうか。」

と言《い》いました。きゅうにはずかしくなったとのさまは、お金《かね》をそのまま一休《いっきゅう》にくれました。一休《いっきゅう》はそのお金《かね》を、まずしい人《ひと》たちに分《わ》けてあげました。

*むしろ…わらなどであんだしきもの。

❷ とのさまがきゅうにはずかしくなったのは、なぜですか。一《ひと》つに○をつけましょう。

ア 一休《いっきゅう》がけちけちせずに気《き》前《まえ》よく、大切《たいせつ》な三《みっ》つのたからを自分《じぶん》にゆずってくれたから。

イ よの中《なか》の人《ひと》はお金《かね》がなくてくるしんでいるのに、自分《じぶん》はお金《かね》のむだづかいをしていたとわかったから。

ウ 一休《いっきゅう》がさし出《だ》した三《みっ》つのたからが、にせものとは気《き》づかなかったから。

17

徳川家康《とくがわいえやす》①

どちらがかつ？

江戸《えど》ばくふ*をひらいた徳川家康《とくがわいえやす》は、今《いま》から四七〇年《ねん》あまり前《まえ》、今《いま》の愛知県《あいちけん》で生《う》まれました。家康《いえやす》は、子《こ》どものころの名前《なまえ》を竹千代《たけちよ》といいました。

ある日《ひ》のことです。竹千代《たけちよ》は、川原《かわら》へ石《いし》がっせんの見物《けんぶつ》に行《い》きました。石《いし》がっせんはそのころの子《こ》どものあそびで、てきとみかたに分《わ》かれて、石《いし》のなげ合《あ》いをします。そのころ、日本《にほん》は、国《くに》のあちらこちらでたたかいが行《おこな》われているような時《じ》代《だい》でした。そのため、人《ひと》びとの心《こころ》はあらあらしくなり、石《いし》がっせんのようならんぼうなあそびもゆるされていたのです。

❶ 石《いし》がっせんは、どのようなあそびですか。（　）に合《あ》う言《こと》葉《ば》を書《か》きましょう。

・（　　）と（　　）に分《わ》かれて、石《いし》のなげ合《あ》いをするあそび。

❷ 「今日《きょう》の石《いし》がっせんは、こちらのまけですね。」と、家来《けらい》の一人《ひとり》が言《い》ったのは、なぜですか。一《ひと》つに○をつけましょう。

ア　むこうの半分《はんぶん》の人数《にんずう》しかいなかったから。

読《よ》んだ日《ひ》　月《がつ》　日《にち》

「今日《きょう》の石《いし》がっせんは、こちらのまけですね。むこうの半分《はんぶん》の人数《にんずう》しかいないですから。」

家来《けらい》の一人《ひとり》が言《い》いました。でも、

「いや、半分《はんぶん》の人数《にんずう》でも、きっとこちらがかつよ。」

と、竹千代《たけちよ》はじしんたっぷりに言《い》いました。

そして、その日《ひ》の石《いし》がっせんは、本当《ほんとう》に人数《にんずう》が少《すく》ないほうがかったのです。

「むこうは人数《にんずう》が多《おお》いから、ゆだんしてまじめにたたかうものが少《すく》なかった。でもこちらは、一人《ひとり》一人《ひとり》がまじめにたたかっていた。それに、むこうはけがをしたものに見《み》むきもしなかったが、こちらはけがをしたものをたすけていた。」

竹千代《たけちよ》は、そう言《い》いました。

「竹千代《たけちよ》さまはきっとえらいとのさまになる。」

家来《けらい》たちは、すっかり感心《かんしん》しました。

＊ばくふ…ぶしによる、せいじのしくみ。

イ　まじめにたたかうものが少《すく》なかったから。

ウ　けがをしたものに見《み》むきもしなかったから。

❸ この日《ひ》の石《いし》がっせんで、竹《たけ》千代《ちよ》は、むこうのたたかいをどのように見《み》ていましたか。二《ふた》つに○をつけましょう。

ア　人数《にんずう》が多《おお》いからゆだんして、まじめにたたかっているものが少《すく》なかった。

イ　一人一人《ひとりひとり》がまじめにたたかっていた。

ウ　けがをしたものに見《み》むきもしなかった。

エ　けがをしたものをたすけていた。

18

徳川家康《とくがわいえやす》②

へいわなよの中《なか》へ

竹千代《たけちよ》は十二《じゅうに》さいで*元服《げんぷく》し、のちに家康《いえやす》と名《な》をあらためました。十五《じゅうご》さいのとき、はじめてのたたかいでゆうかんにしきをとり、みごとにかちました。

「さすが、われらのとのさまだ。」

「いつか、天下《てんか》をとるにちがいない。」

家来《けらい》たちは、口《くち》ぐちにほめたたえました。

家康《いえやす》は、まず三河《みかわ》（今《いま》の愛知県《あいちけん》の東《ひがし》の部分《ぶぶん》）を一《ひと》つにまとめ上《あ》げ、遠江《とおとうみ》（今《いま》の静岡県《しずおかけん》の西《にし》の部《ぶ》分《ぶん》）をもおさめる大名《だいみょう》となりました。

たたかいのよはつづいていました。弱《よわ》いものは

読《よ》んだ日《ひ》　月《がつ》　日《にち》

❶ 十五《じゅうご》さいで家康《いえやす》がはじめてのたたかいにかったとき、家来《け》《らい》たちはなんと言《い》ってほめたたえましたか。（　）に合《あ》う言葉《ことば》を書《か》きましょう。

・いつか、（　　　）をとるにちがいない。

❷ たたかいがつづくよの中《なか》を見《み》ているうちに、家康《いえやす》がねがうようになったのは、どんなことですか。一《ひと》つに○をつけましょう。

強《つよ》いものにせめほろぼされるということがくりかえされ、いのちをおとすものも多《おお》かったのです。

（たたかうことは、むなしいことだ。たたかいをなくして、へいわなよの中《なか》を作《つく》りたい。）

家康《いえやす》は、そうねがうようになりました。

やがて、「関ヶ原《せきがはら》のたたかい」でかった家康《いえやす》は、江戸《えど》（今《いま》の東京《とうきょう》）にばくふをひらきました。家康《いえやす》のゆめ見《み》た、へいわな時代《じだい》がようやくおとずれたのです。家康六十《いえやすろくじっ》さいのときでした。

「人《ひと》の一生《いっしょう》は、おもいにもつをせおって遠《とお》い道《みち》のりを歩《ある》いていくようなものだ。いそぐひつようはない。」

これは、くろうをかさねながら、ついに天下《てんか》をとった家康《いえやす》が、のこしたとされる言葉《ことば》です。

＊元服《げんぷく》…男子《だんし》が大人《おとな》になったことをしめすぎしき。

ア 弱《よわ》いものをすべて、せめほろぼすこと。

イ たたかいをなくして、へいわなよの中《なか》を作《つく》ること。

ウ むなしいたたかいを、これからもつづけること。

③ 家康《いえやす》がのこしたとされる言《こと》葉《ば》になるように、（　）に合《あ》う言葉《ことば》を書《か》きましょう。

・人《ひと》の（　　）は、おもいにもつをせおって遠《とお》い（　　）を歩《ある》いていくようなものだ。

19

牧野《まきの》富太郎《とみたろう》①

自分《じぶん》でずかんを作《つく》りたい

「山《やま》にあそびに行《い》ってきます。」

富太郎《とみたろう》は、今日《きょう》もうきうきしたようすで、家《いえ》をとび出《だ》していきました。草《くさ》や木《き》にふれていると、いつまでもあきることがありません。

秋《あき》もふかまったある日《ひ》のこと。その日《ひ》も山《やま》であそんでいた富太郎《とみたろう》は、びっくりしました。白《しろ》くて丸《まる》い、ボールのようなものが、地面《じめん》からにょっきりと生《は》えていたのです。

（これはいったいなんだろう。）

思《おも》い切《き》ってさわってみると、きのこのような手《て》ざわりでした。

（まるで、おばけきのこだな。）

読《よ》んだ日《ひ》　月《がつ》　日《にち》

❶ 富太郎《とみたろう》は、山《やま》で何《なに》を見《み》つけましたか。（　）に合《あ》う言葉《ことば》を書《か》きましょう。

・白《しろ》くて丸《まる》い、（　　　）のようなもの。

❷ ❶を見《み》つけた富太郎《とみたろう》が思《おも》ったことのじゅんになるように、（　）に番号《ばんごう》を書《か》きましょう。

ア（　）まるで、おばけきのこだな。

イ（　）これはいったいなんだろう。

富太郎《とみたろう》はつぎの日《ひ》も、そのつぎの日《ひ》も山《やま》へ行《い》きました。白《しろ》かった玉《たま》の色《いろ》は、しだいに茶色《ちゃいろ》にかわりました。ゆう気《き》をふるってついてみると、中《なか》からけむりのようなものがもわっと出《で》てきました。

（わあ、びっくりした。）

家《いえ》に帰《かえ》ってしらべると、このきのこは「キツネノヘダマ」という名前《なまえ》だとわかりました。

（おもしろいしょくぶつがあるものだな。）

富太郎《とみたろう》はますますしょくぶつがすきになりました。

富太郎《とみたろう》が山《やま》で見《み》つけたしょくぶつの中《なか》には、本《ほん》にのっておらず、まだ名前《なまえ》のついていないようなものもたくさんありました。

（大《だい》すきなしょくぶつのことをたくさんしらべて、自分《じぶん》でずかんを作《つく》りたい。）

富太郎《とみたろう》は、そう思《おも》うようになりました。

ウ（　　）わあ、びっくりした。

エ（　　）おもしろいしょくぶつがあるな。

❸ 「そう思《おも》うようになりました」とありますが、富太郎《とみたろう》はどう思《おも》うようになったのですか。（　）に合《あ》う言葉《ことば》を書《か》きましょう。

・大《だい》すきな（　　　　）のことをたくさんしらべて、自分《じぶん》で（　　　　）を作《つく》りたいと思《おも》うようになった。

20
牧野《まきの》富太郎《とみたろう》②

日本《にほん》のしょくぶつ学《がく》の父《ちち》

富太郎《とみたろう》は、生《う》まれそだった高知県《こうちけん》を二十二《にじゅうに》さいで出《で》て、東京《とうきょう》にうつりすんでけんきゅうをつづけ、しょくぶつ学者《がくしゃ》への道《みち》をすすんでいきました。

もうすぐ二十八《にじゅうはっ》さいになるという夏《なつ》の日《ひ》、田《た》んぼのあぜ道《みち》を歩《ある》いていた富太郎《とみたろう》は、思《おも》わず足《あし》を止《と》めました。

（あれはなんだろう。）

近《ちか》くの池《いけ》の水面《すいめん》に、きみょうなものがうかんでいたのです。たぬきのしっぽのような形《かたち》をしていますが、たしかにしょくぶつのようです。富太郎《とみたろう》はそれをすくいとると、もち帰《かえ》ってしらべることにしました。

読《よ》んだ日《ひ》　月《がつ》　日《にち》

❶ 田《た》んぼのあぜ道《みち》を歩《ある》いていた富太郎《とみたろう》が思《おも》わず足《あし》を止《と》めたのは、なぜですか。一《ひと》つに○をつけましょう。

ア たぬきがしっぽをふっているのを見《み》つけたから。

イ 近《ちか》くの池《いけ》の水面《すいめん》に、きみょうなものがうかんでいたから。

ウ 外国《がいこく》にしかないと考《かんが》えられていたしょくぶつを発見《はっけん》したから。

❷ 富太郎《とみたろう》は、発見《はっけん》した水草《みずくさ》になんと名前《なまえ》をつけましたか。

それは、外国《がいこく》の一部《いちぶ》のちいきにしかないと考《かんが》えられていためずらしいしょくぶつでした。日本《にほん》にも生《は》えているとわかったのは、大発見《だいはっけん》だったのです。富太郎《とみたろう》はこの水草《みずくさ》に、「ムジナモ」という名《な》前《まえ》をつけました。やがて富太郎《とみたろう》の名《な》は、日本《にほん》だけでなく、外国《がいこく》でも有名《ゆうめい》になりました。

富太郎《とみたろう》は、さらにけんきゅうにはげみました。日本全国《にほんぜんこく》に出《で》かけ、いろいろなしょくぶつをあつめて作《つく》ったひょう本《ほん》は、一生《いっしょう》のうちで四十万点《よんじゅうまんてん》あまりにもなります。七十八《ななじゅうはっ》さいのときにかんせいさせた『牧野日本植物図鑑《まきのにほんしょくぶつずかん》』は、今《いま》までのけんきゅうをまとめたもので、今《いま》でもつかわれています。

おさないころからしょくぶつが大《だい》すきだった富《とみ》太郎《たろう》は、ついに「日本《にほん》のしょくぶつ学《がく》の父《ちち》」とよばれるまでになったのでした。

❸ 富太郎《とみたろう》が、ひょう本《ほん》を作《つく》るために日本全国《にほんぜんこく》に出《で》かけてあつめたのは、なんですか。

・いろいろな（　　　　）。

❹ 有名《ゆうめい》になった富太郎《とみたろう》は、ついに、なんとよばれるようになりましたか。

・「日本《にほん》の（　　　　）」

21

野口英世《のぐちひでよ》①

大《おお》やけどをした左手《ひだりて》

「*清作《せいさく》！　清作《せいさく》！」

いつもはしずかな東北《とうほく》の山《やま》あいの村《むら》に、女《おんな》の人《ひと》のさけび声《ごえ》がひびきわたりました。

すぐにその家《いえ》から、一《いっ》さいぐらいの男《おとこ》の子《こ》をだいた女《おんな》の人《ひと》が、とび出《だ》してきました。

「たすけて。子《こ》どもがいろりにおちてやけどを！」

やけどをした男《おとこ》の子《こ》・清作《せいさく》は、大《おお》きな声《こえ》でないていました。村《むら》にはいしゃはおらず、近所《きんじょ》の人《ひと》にもらったくすりをぬっても、やけどがよほどいたいらしく、清作《せいさく》はなきつづけていました。

（どうか、いのちだけはたすかりますように…。）

清作《せいさく》のお母《かあ》さんは、夜《よる》もろくにねむらないで、いのりつづけました。そのかいあってか、清作《せいさく》は

読《よ》んだ日《ひ》　月《がつ》　日《にち》

❶ 女《おんな》の人《ひと》がさけび声《ごえ》を上《あ》げたのは、なぜですか。（　）に合《あ》う言葉《ことば》を書《か》きましょう。

・子《こ》どもが（　　　）におちて、（　　　）をしたから。

❷ やけどをした清作《せいさく》のお母《かあ》さんは、夜《よる》もろくにねむらないで、何《なに》をいのりましたか。一《ひと》つに○をつけましょう。

ア 清作《せいさく》のいのちだけは、たすかりますように。

まもなく元気《げんき》になりました。ただ、大《おお》やけどをした左手《ひだりて》だけは、にぎったままくっついて、ひらかなくなってしまいました。

近所《きんじょ》の子《こ》どもたちは、清作《せいさく》の左《ひだり》手《て》を見《み》て、からかいました。「左《ひだり》手《て》でじゃんけんしよう。」といじわるを言《い》われて、ぐうしか出《だ》せない清作《せいさく》はかなしい思《おも》いをしたこともあります。でも、

「勉強《べんきょう》に左手《ひだりて》はかんけいない。だから、がんばって、いじめっ子《こ》を見《み》かえすのだよ。」

という、お母《かあ》さんの言葉《ことば》で、清作《せいさく》はやる気《き》を出《だ》しました。やがて、清作《せいさく》のせいせきは学校《がっこう》で一番《いちばん》になりました。

＊清作《せいさく》…野口英世《のぐちひでよ》の子《こ》どものころの名前《なまえ》。

イ　清作《せいさく》の左手《ひだりて》が、すっかりよくなりますように。

ウ　清作《せいさく》が、近所《きんじょ》の子《こ》どもたちからいじめられませんように。

❸ 清作《せいさく》が勉強《べんきょう》をやる気《き》になったのは、なぜですか。（　）に合《あ》う言葉《ことば》を書《か》きましょう。

・勉強《べんきょう》に（　　　）はかんけいないから、がんばって、いじめっ子《こ》を（　　　）のだと、お母《かあ》さんに言《い》われたから。

22

野口英世《のぐちひでよ》②

いしゃになるゆめ

小学校《しょうがっこう》を出《で》た清作《せいさく》は、さらに上《うえ》の学校《がっこう》へとすすみました。

「そんなに勉強《べんきょう》ばかりしていると体《からだ》にわるいよ。」

と友《とも》だちに心配《しんぱい》されるほど、清作《せいさく》ははりきって勉《べん》強《きょう》にはげんでいました。

あるとき、すきなだいで作文《さくぶん》を書《か》くというじゅぎょうがありました。清作《せいさく》は、おさないころのやけどのため、くっついてひらかなくなってしまった左手《ひだりて》のことを書《か》きました。左手《ひだりて》をつかえないことで、どれだけふべんかということ。友《とも》だちにからかわれてつらい思《おも》いをしてきたこと。いっそナイフでゆびを一本一本《いっぽんいっぽん》切《き》りはなしてしまいたい、と考《かんが》えたこともあったこと。その作文《さくぶん》を読《よ》んだ友《とも》

読《よ》んだ日《ひ》　月《がつ》　日《にち》

❶ 清作《せいさく》が作文《さくぶん》に書《か》いたのは、どんなことですか。（　）に合《あ》う言葉《ことば》を書《か》きましょう。

・おさないころの（　　　）のため、くっついてひらかなくなってしまった（　　　）のこと。

❷ 清作《せいさく》の作文《さくぶん》を読《よ》んだ友《とも》だちや先生《せんせい》がそうだんし合《あ》ったのは、どんなことですか。［　］に合《あ》う言葉《ことば》を書《か》きましょう。

だちや先生《せんせい》は、みんななみだをながしました。そして、なんとかして清作《せいさく》の左手《ひだりて》をなおしてあげられないものかとそうだんし合《あ》いました。

「うでのよいいしゃなら、清作《せいさく》くんの左手《ひだりて》をなおせるんじゃないか。」

「ひつようなお金《かね》は、みんなで出《だ》し合《あ》おう。」

こうして行《おこな》われたしゅじゅつはせいこうし、清作《せいさく》の左手《ひだりて》はひらくようになりました。ものをつかむこともできるようになりました。

「みんな、本当《ほんとう》にありがとう。ぼくもいしゃになって、こまっている人《ひと》たちをたすけよう。」

いしゃになるというゆめにむかって、清作《せいさく》はさらに勉強《べんきょう》にはげみました。

・なんとかして、清作《せいさく》の［　　　　］ということ。

❸ しゅじゅつをうけて左手《ひだりて》がひらくようになった清作《せいさく》は、何《なに》になるというゆめにむかって、勉強《べんきょう》にはげみましたか。

（　　　　）

23 野《の》口《ぐち》英世《ひでよ》③

せかいのヒデヨ・ノグチ

アメリカへわたって、「さいきん」のけんきゅうをしたい、と英世《ひでよ》はねがうようになりました。

「さいきん」とは、人間《にんげん》の目《め》には見《み》えないけれども、けんびきょうをつかえば見《み》ることができる、小《ちい》さな「きん」のことです。

二十四《にじゅうよん》さいのとき、英世《ひでよ》はついにアメリカへわたりました。一度《いちど》日本《にほん》で会《あ》っただけのフレキスナー先生《せんせい》をたずねて、しごとをもらえないかとたのみこみました。とつぜんのことにとまどった先生《せんせい》でしたが、へびのどくをけんきゅうするしごとをしょうかいしてくれました。

「よし、がんばるぞ。」

英世《ひでよ》はどくへびをおそれることなく、けんきゅ

❶ 英世《ひでよ》が、アメリカでしたいとねがっていたのは、なんのけんきゅうですか。

（　　　　）

❷ 「とうとう」とありますが、これと同《おな》じいみの三字《さんじ》の言葉《ことば》を、この言葉《ことば》より前《まえ》の文章中《ぶんしょうちゅう》からさがして書《か》きましょう。

□□□

❸ 二十四《にじゅうよん》さいのときから英世《ひでよ》がはじめたのは、なんのけん

読《よ》んだ日《ひ》　月《がつ》　日《にち》

まもなく元気《げんき》になりました。ただ、大《おお》やけどをした左手《ひだりて》だけは、にぎったままくっついて、ひらかなくなってしまいました。

近所《きんじょ》の子《こ》どもたちは、清作《せいさく》の左《ひだり》手《て》を見《み》て、からかいました。「左《ひだり》手《て》でじゃんけんしよう。」といじわるを言《い》われて、ぐうしか出《だ》せない清作《せいさく》はかなしい思《おも》いをしたこともあります。でも、

「勉強《べんきょう》に左手《ひだりて》はかんけいない。だから、がんばって、いじめっ子《こ》を見《み》かえすのだよ。」

という、お母《かあ》さんの言葉《ことば》で、清作《せいさく》はやる気《き》を出《だ》しました。やがて、清作《せいさく》のせいせきは学校《がっこう》で一番《いちばん》になりました。

＊清作《せいさく》…野口英世《のぐちひでよ》の子《こ》どものころの名前《なまえ》。

イ　清作《せいさく》の左手《ひだりて》が、すっかりよくなりますように。

ウ　清作《せいさく》が、近所《きんじょ》の子《こ》どもたちからいじめられませんように。

❸ 清作《せいさく》が勉強《べんきょう》をやる気《き》になったのは、なぜですか。（　）に合《あ》う言葉《ことば》を書《か》きましょう。

・勉強《べんきょう》に（　　　　）はかんけいないから、がんばって、いじめっ子《こ》を（　　　　）のだと、お母《かあ》さんに言《い》われたから。

22

野《の》口《ぐち》英世《ひでよ》②

いしゃになるゆめ

小学校《しょうがっこう》を出《で》た清作《せいさく》は、さらに上《うえ》の学校《がっこう》へとすすみました。

「そんなに勉強《べんきょう》ばかりしていると体《からだ》にわるいよ。」

と友《とも》だちに心配《しんぱい》されるほど、清作《せいさく》ははりきって勉《べん》強《きょう》にはげんでいました。

あるとき、すきなだいで作文《さくぶん》を書《か》くというじゅぎょうがありました。清作《せいさく》は、おさないころのやけどのため、くっついてひらかなくなってしまった左手《ひだりて》のことを書《か》きました。左手《ひだりて》をつかえないことで、どれだけふべんかということ。友《とも》だちにからかわれてつらい思《おも》いをしてきたこと。いっそナイフでゆびを一本一本《いっぽんいっぽん》切《き》りはなしてしまいたい、と考《かんが》えたこともあったこと。その作文《さくぶん》を読《よ》んだ友《とも》

❶ 清作《せいさく》が作文《さくぶん》に書《か》いたのは、どんなことですか。（　）に合《あ》う言葉《ことば》を書《か》きましょう。

・おさないころの（　　　）のため、くっついてひらかなくなってしまった（　　　）のこと。

❷ 清作《せいさく》の作文《さくぶん》を読《よ》んだ友《とも》だちや先生《せんせい》がそうだんし合《あ》ったのは、どんなことですか。〔　〕に合《あ》う言葉《ことば》を書《か》きましょう。

読《よ》んだ日《ひ》　月《がつ》　日《にち》

うにうちこみました。そしてとうとう、英世《ひでよ》のけんきゅうが実《み》をむすび、どくへびにかまれた人《ひと》も、すぐにちゅうしゃをうてば、いのちがたすかるようになりました。

「ヒデヨ・ノグチは、いったい、いつねているのだろう。」

と、みんながふしぎに思《おも》うほど、英世《ひでよ》はよくはたらき、やがて、英世《ひでよ》の名前《なまえ》はせかいで有名《ゆうめい》になっていきました。

それからも英世《ひでよ》は、むずかしい病気《びょうき》から人《ひと》びとをすくうため、せかいをとび回《まわ》りながら、ねばり強《づよ》くけんきゅうをつづけました。しかし、アフリカで黄《おう》ねつ病《びょう》のけんきゅうをしていたとき、自分《じぶん》も黄《おう》ねつ病《びょう》にかかり、五十一《ごじゅういっ》さいでなくなりました。

きゅうですか。（　）に合《あ》う言《こと》葉《ば》を書《か》きましょう。

・（　　　）の（　　　）のけんきゅう。

❹ 英世《ひでよ》の名前《なまえ》がせかいで有名《ゆうめい》になっていったのは、なぜですか。一《ひと》つに○をつけましょう。

ア　英世《ひでよ》が、どくへびをおそれなかったから。

イ　英世《ひでよ》のけんきゅうで、どくへびにかまれた人《ひと》びとがたすかったから。

ウ　いつねているのかふしぎなほど、よくはたらいたから。

宮沢賢治《みやざわけんじ》①

えらい人《ひと》にはなりたくない

「大《おお》きくなったら何《なに》になりたい？」

お父《とう》さんにこう聞《き》かれた賢治《けんじ》は、

「えらい人《ひと》にはなりたくない。」

と答《こた》えました。するとお父《とう》さんは、

「えらくなろうという気《き》もちがないなんて、こまったものだな。」

と言《い》いました。

「それなら、あついときには馬車屋《ばしゃや》になり、さむいときにはかじ屋《や》になりたい。」

と賢治《けんじ》が言《い》うと、お父《とう》さんはおこり出《だ》しました。

「あついときには馬車《ばしゃ》で風《かぜ》に当《あ》たってすずしい思《おも》いをし、さむいときには火《ひ》に当《あ》たってあたたまりたいというのだな。なまけものめ。」

読《よ》んだ日《ひ》　月《がつ》　日《にち》

❶ 賢治《けんじ》がなりたくないと思《おも》ったのは、どんな人《ひと》ですか。

（　　　　）

❷ 馬車屋《ばしゃや》とかじ屋《や》について、お父《とう》さんと賢治《けんじ》は、どんなしごとだと思《おも》っていますか。それぞれ二《ふた》つずつ記号《きごう》で答《こた》えましょう。

・お父《とう》さん（　）・（　）

・賢治《けんじ》（　）・（　）

「あつい中《なか》でおもいにもつをはこぶ馬車屋《ばしゃや》も、春《はる》にむけてはたけの道具《どうぐ》を作《つく》るかじ屋《や》も、どちらも人《ひと》のやくに立《た》つりっぱなしごとです。」

賢治《けんじ》はまじめに答《こた》えましたが、お父《とう》さんは、

「もういい。馬車屋《ばしゃや》でもかじ屋《や》でも、すきなものになればいい。」

と言《い》うと、へやを出《で》ていってしまいました。

そのようすを見《み》ていたお母《かあ》さんが、言《い》いました。

「賢治《けんじ》や。おまえがえらい人《ひと》になりたくないっていういみが、お母《かあ》さんにはわかる気《き》がするわ。ただ、いばっているだけの人間《にんげん》にはなりたくない、そういういみなんじゃないかしら。」

賢治《けんじ》はうなずきました。高《たか》い地位《ちい》をおいもとめるのではなく、人《ひと》のやくに立《た》つ、思《おも》いやりのある人間《にんげん》になりたいと、賢治《けんじ》は思《おも》っていたのでした。

ア 馬車屋《ばしゃや》は風《かぜ》に当《あ》たってすずしい思《おも》いをする。

イ 馬車屋《ばしゃや》はあつい中《なか》でおもいにもつをはこぶ。

ウ かじ屋《や》は春《はる》にむけてはたけの道具《どうぐ》を作《つく》る。

エ かじ屋《や》は火《ひ》に当《あ》たってあたたまる。

❸ 賢治《けんじ》が——線《せん》のように言《い》ったのは、なぜですか。一《ひと》つに○をつけましょう。

ア いばっているだけの人間《にんげん》にはなりたくないから。

イ なまけているだけの人間《にんげん》にはなりたくないから。

ウ 思《おも》いやりのない人間《にんげん》にはなりたくないから。

25

宮沢賢治《みやざわけんじ》②

下《した》ノ畑《はたけ》ニ居《お》リマス

賢治《けんじ》は勉強《べんきょう》にはげんで、童話《どうわ》や詩《し》を作《つく》るのがすきな青年《せいねん》にせいちょうし、農学校《のうがっこう》の先生《せんせい》となりました。

賢治《けんじ》のじゅぎょうは、教科書《きょうかしょ》をあまりつかいませんでした。土地《とち》のたがやし方《かた》や、よいひりょうの作《つく》り方《かた》など、大切《たいせつ》なことをわかりやすく教《おし》えました。また、学生《がくせい》が家《いえ》の農作業《のうさぎょう》のてつだいで学校《がっこう》を休《やす》むと、賢治《けんじ》は学校《がっこう》がおわったあと、その学生《がくせい》の家《いえ》へ行《い》って農作業《のうさぎょう》をてつだうこともありました。

学生《がくせい》たちは賢治《けんじ》をたずねては、おやつを食《た》べながらおしゃべりをしました。賢治《けんじ》がるすのときは、げんかんわきの黒板《こくばん》に「下《した》ノ畑《はたけ》ニ居《お》リマス」と書《か》かれていました。それは、「先生《せんせい》ははたけに行《い》ってるすだが、おやつは中《なか》にあるよ。」というひ

読《よ》んだ日《ひ》　月《がつ》　日《にち》

❶ 賢治《けんじ》は、どんな青年《せいねん》にせいちょうしましたか。（　）に合《あ》う言葉《ことば》を書《か》きましょう。

・（　　）や（　　）を作《つく》るのがすきな青年《せいねん》。

❷ 先生《せんせい》になった賢治《けんじ》は、学生《がくせい》たちにどんなことを教《おし》えましたか。二《ふた》つ答《こた》えましょう。

・（　　）

・（　　）

みつのサインでした。学生《がくせい》たちは、賢治《けんじ》をたずねるのが楽《たの》しくてしかたがありませんでした。

賢治《けんじ》はおもい病気《びょうき》にかかってからも、農《のう》みんのためにはたらきつづけました。高《たか》いねつがあるときも、「ひりょうのことで、教《おし》えてください。」と言《い》われれば、おき上《あ》がって話《はなし》をしました。

賢治《けんじ》の病気《びょうき》はなおることなく、まだ三十七《さんじゅうなな》さいというわかさでなくなりました。賢治《けんじ》の童話《どうわ》や詩《し》は、賢治《けんじ》が生《い》きているうちは、よいものだということが、みんなにあまりわかってもらえませんでした。しかし、賢治《けんじ》がなくなってから、すばらしいものだということがみとめられ、今《いま》でもたくさんの人《ひと》に読《よ》まれています。

❸ 学生《がくせい》たちが、賢治《けんじ》をたずねてしたことは、なんですか。（　）に合《あ》う言葉《ことば》を書《か》きましょう。

・（　　　　）

・（　　　　）を食《た》べながらの（　　　　）。

❹ 賢治《けんじ》の童話《どうわ》や詩《し》がみとめられたのは、いつからですか。一《ひと》つに○をつけましょう。

ア　賢治《けんじ》が先生《せんせい》になってから。

イ　賢治《けんじ》が病気《びょうき》になってから。

ウ　賢治《けんじ》がなくなってから。

答えとアドバイス

おうちの方へ
◎解き終わったら、できるだけ早めに答え合わせをしてあげましょう。
◎まちがった問題は、もう一度やり直させてください。

1 ヘレン・ケラー① 2〜3ページ

❶ アメリカ
❷ 二週間
❸ 見よう・へんじ
❹ 教育

【アドバイス】
❸ 高熱のあと、ヘレンの視覚と聴覚の両方に異変が生じたことをおさえさせましょう。

2 ヘレン・ケラー② 4〜5ページ

❶ アン・サリバン
（サリバン先生 でも正解）
❷ 「コップ」・「水」（「 」はなくても正解）
❸ イ
❹ 「きせきの人」（「 」はなくても正解）

【アドバイス】
❸ 「コップ」と「水」のちがいがわかったことが、ヘレンにとっての大きな転機となったのです。

3 モーツァルト① 6〜7ページ

❶ きんちょう・じしんたっぷり
❷ ア・エ
❸ ア・ウ

【アドバイス】
❸ お父さんがモーツァルトの行動にはらはらした状況は、演奏の前後にあったことを読み取らせましょう。

4 モーツァルト② 8〜9ページ

❶ 七さい…イ　十四さい…ウ
二十二さい…エ　二十六さい…ア
❷ 三十五さい
❸ かんどう

【アドバイス】
❶・❷ モーツァルトが何歳のときにどんな出来事があったのかを、順に把握できているか確かめましょう。

5 ライト兄弟① 10〜11ページ

❶ お父さん
❷ 竹ひご・ゴム・うすい紙
❸ こうもり号
❹ イ

【アドバイス】
❹ 文章の最後の兄弟の会話から「いつか空を飛びたい」という二人の夢を読み取ることができます。

6 ライト兄弟② 12〜13ページ

❶ 自転車屋（さんのしごと。）
❷ ア…3　イ…1　ウ…2
❸ イ

【アドバイス】
❷ 「まず」「つぎに」「それから」という順序を表す言葉に注目させることで、文章に書かれた内容を順にとらえることができます。

7 ナイチンゲール① 14〜15ページ

❶ あし
❷ ア…2　イ…1　ウ…3
❸ イ

【アドバイス】
❷ 「まず」「それから」という順序を表す言葉に注目させましょう。
❸ 両親の言葉から、その驚きの内容を読み取ることができます。

8 ナイチンゲール② 16〜17ページ

❶ かんごし
❷ しごと
❸ イ
❹ 「クリミアの天使」（「　」はなくても正解）

【アドバイス】
❸ ナイチンゲールたちが病院の環境を改善し、兵士たちに温かい食事を提供して、手厚く看護したことをとらえさせましょう。

9 エジソン① 18〜19ページ

❶ イ
❷ ウ
❸ じっけん室

【アドバイス】
❶ アルが学校に行かなくなったのは、先生の心無い発言が原因であったことをとらえさせましょう。

10 エジソン② 20〜21ページ

❶ 「ちくおんき」（「　」はなくても正解）
❷ イ
❸ 竹
❹ 五年目

【アドバイス】
❷ （　）内の心の中でエジソンが思ったことからとらえることができます。

11 マリー・キュリー① 22〜23ページ

❶ 外・本
❷ つっかえ・すらすら
❸ 図書室
❹ 科学者

【アドバイス】
❷ マーニャが、お姉さんよりも早く文字を読めるようになっていたことを知って、家族は驚いたのです。

12 マリー・キュリー② 24〜25ページ

❶ フランス
❷ 二十六さい
❸ ラジウム（「　」があっても正解）
❹ ちりょう
❺ ノーベルしょう

【アドバイス】
❹・❺ ラジウムの発見は、人類にとって非常に大きな意味があったことを説明してあげましょう。

13 雪舟① 26〜27ページ

❶ 竹ぼうき・絵
❷ なみだ・足のゆび
❸ ア

【アドバイス】
❸ 雪舟の描いたねずみは、和尚さんが本物のねずみと見間違えるほど見事だったことを理解させましょう。

14 雪舟② 28〜29ページ

❶ 船
❷ 古い・新しい
❸ けしき
❹ ウ
❺ 「水ぼく画」（「　」はなくても正解）

【アドバイス】
❷・❸ 実際に中国に行って少しがっかりした雪舟が、それを乗り越えるまでの経緯をおさえさせましょう。

15 一休① 30〜31ページ

❶ イ
❷ くすり・どく
❸ ア

【アドバイス】
❶・❷ おいしい水あめは大人も子どもも好きなので、和尚さんは独り占めしようとうそをついたのです。

16 一休② 32〜33ページ

❶ われた茶わん・竹一本・古ぼけたむしろ
❷ イ

【アドバイス】
❷ 一休に指摘されたことで、殿様がこれまでの自分のぜいたくな暮らしぶりを恥じて、反省したことをとらえさせましょう。

17 徳川家康① 34〜35ページ

❶ てき・みかた（順不同）
❷ ア
❸ ア・ウ

【アドバイス】
❸ 少年時代の家康が、すでに冷静な観察力や判断力をもっていたことがわかるエピソードです。

18 徳川家康②　36〜37ページ

❶ 天下
❷ イ
❸ 一生・道のり

【アドバイス】
❷ 家康が（へいわなよの中を作りたい。）と考え、それを六十歳のときに実現させていることをおさえさせましょう。

19 牧野富太郎①　38〜39ページ

❶ ボール
❷ ア…2　イ…1　ウ…3　エ…4
❸ しょくぶつ・ずかん

【アドバイス】
❷ 富太郎の思ったことが書かれた、（　）内の言葉に注目させることで、順番を正確にとらえることができます。

20 牧野富太郎②　40〜41ページ

❶ イ
❷ 「ムジナモ」（「　」はなくても正解）
❸ しょくぶつ
❹ しょくぶつ学の父

【アドバイス】
❶ 奇妙なものを見つけて持ち帰って調べたところ、外国にしかないと考えられていた植物だとわかったので、ウは誤りです。

21 野口英世①　42〜43ページ

❶ いろり・（大）やけど
❷ ア
❸ 左手・見かえす

【アドバイス】
❷ 医者のいない村で、まともな手当てができない状況であったことをおさえさせましょう。

22 野口英世②　44〜45ページ

❶ やけど・左手
❷ 左手をなおしてあげられないものか
❸ いしゃ

【アドバイス】
❷ 清作の手が不自由になった経緯を知った先生や友達の、思いやりにあふれた行動をとらえさせましょう。

23 野口英世③　46〜47ページ

❶ 「さいきん」（「　」はなくても正解）
❷ ついに
❸ （どく）へび・どく
❹ イ

【アドバイス】
❹ 英世が熱心に行った研究が、世界的に評価されていったことを理解させましょう。

24 宮沢賢治① 48〜49ページ

❶ えらい人

❷ お父さん…ア・エ
賢治…イ・ウ

❸ ア

【アドバイス】

❷ お父さんと賢治の考え方は全く異なっていたことをおさえさせます。

25 宮沢賢治② 50〜51ページ

❶ 童話・詩（順不同）

❷ 土地のたがやし方・よいひりょうの作り方（順不同）

❸ おやつ・おしゃべり

❹ ウ

【アドバイス】

❷ 賢治は、教科書はあまり使わず、農業に実際に必要なことを優先的に教えようとしたのです。

◆デザイン　川畑あずさ
◆表紙イラスト　おおでゆかこ
◆本文イラスト　おおでゆかこ，橋本豊，はっとりななみ
◆編集協力　倉本有加，鈴木瑞穂
◆DTP　株式会社四国写研

この本は，下記のように環境に配慮して製作しました。
※製版フィルムを使わない，CTP方式で印刷しました。
※環境に配慮した紙を使用しています。

おはなしドリル　伝記　低学年

2014年6月　初版発行
2025年7月3日　第16刷発行

編者　学研プラス
発行人　川畑勝
編集人　志村俊幸
編集担当　高須賀里緒菜
発行所　株式会社Gakken
〒141-8416
東京都品川区西五反田2-11-8
印刷所　株式会社広済堂ネクスト

◎この本に関する各種お問い合わせ先
＊本の内容については，下記サイトのお問い合わせフォームよりお願いします。
https://www.corp-gakken.co.jp/contact/
＊在庫については
Tel 03-6431-1199（販売部）
＊不良品（落丁，乱丁）については
Tel 0570-000577
学研業務センター
〒354-0045　埼玉県入間郡三芳町上富279-1
＊上記以外のお問い合わせは
Tel 0570-056-710（学研グループ総合案内）

⑯